AF263039

La plupart des titres assis sur des terres situées en Bretagne, ou portés par des familles de cette province, ont successivement disparu. On a vu s'éteindre les ducs de Retz, de la Meilleraye, de Coislin, de Montbazon, de la Vauguyon, de Sérent, de Frontenay, de la Vieuville, de Belle-Isle, les princes de Montauban, de Guémené, de Soubise, etc. A côté de tant de ruines, rien n'a été élevé, ni sous l'Empire, ni par la Restauration, ni depuis l'avénement de S. M. le Roi des Français.

Il est remarquable que de tous les titres de prince ou de duc, conférés par Napoléon, aucun ne le fut à des Bretons; non qu'ils n'eussent très-bien servi, mais leurs sentiments n'étaient pas favorables au despotisme de l'Empire ; on les en punissait. Il faut cependant excepter Fouché de Nantes, duc d'Otrante ; mais son nom était en horreur à sa patrie ; son élévation fut pour elle un outrage.

LL. MM. Louis XVIII et Charles X créèrent plusieurs ducs, entre autres MM. de Talley-rand, Decazes, de Blacas, de Crillon, de Montesquiou, Charles de Damas, Mathieu de Montmorency, de Caraman, de Rauzan, de Sabran, de Rivière, de Tourzel, d'Escars, de la Châtre. L'autorisation d'accepter des titres étrangers fut donnée à MM. de Polignac, de Clermont-Tonnerre, Guignard de Saint-Priest. Sa Majesté Louis-Philippe a fait ducs MM. de Marmier, Bugeaud, Pasquier ; aucun de ces noms n'appartient à la Bretagne.

Il serait équitable et judicieux d'appeler enfin au partage des honneurs quelques-unes des familles les plus considérables d'une contrée dont l'importance s'accroît chaque jour, et qui depuis trop longtemps est restée étrangère à toute faveur.

A l'un des premiers rangs en Bretagne se

place la maison de la Moussaye. Dom Morice la
fait sortir des anciens comtes de Penthièvre [1],
et la commission du sceau des titres a reconnu,
en 1829, que toutes les probabilités historiques
sont en faveur de cette descendance (II). Quoi
qu'il en soit de cette question généalogique, le
nom de la Moussaye se trouve mêlé, depuis le
xiiie siècle, à tous les événements remarquables
dont la Bretagne indépendante fut le théâtre.
En 1267, le comte de Richemont, le sire de
Laval et plusieurs autres seigneurs prirent la
croix et s'illustrèrent en Terre sainte par leurs
exploits. Parmi eux se trouvait Olivier, sire de
la Moussaye, dont l'écu, ainsi que celui de
Raoul son frère, se voit au Musée de Versailles.
En 1372, Alain de la Moussaye, chevalier, était
un des principaux chefs de l'armée victorieuse
que le connétable Duguesclin conduisit en
Aquitaine (Le Baud, page 342). Alain devint
capitaine de Rennes en 1380, et ratifia en cette
qualité le traité de Guérande, le 13 avril 1381,
ainsi que Jean et Guillaume de la Moussaye,

---

[1] *Voyez* les *Pièces justificatives,* page 9.

chevaliers. Raoul de la Moussaye, évêque de Dol et primat de Bretagne, exerça longtemps la principale influence dans les conseils du duc Pierre II. En 1440, il fut envoyé en ambassade vers le roi de France ; en 1451, il siégea au parlement tenu à Vannes, immédiatement après le comte de Richemont, héritier de la couronne. Il mourut en 1456, lorsqu'il venait d'être désigné cardinal, dignité qui fut conférée à Alain de Coetivy, son successeur. Amaury, sire de la Moussaye, grand veneur de Bretagne, gouverneur de Dol et de Dinan, commanda les armées des ducs Pierre II, Arthur III et François II. Rolland et Jean de la Moussaye, chevaliers, compagnons d'armes du connétable de Richemont, rendirent de grands services à Charles VII, et contribuèrent à enlever aux Anglais la ville et le château de Tours. Geoffroy et Olivier de la Moussaye, chevaliers, combattirent pour Charles de Blois, auquel ils étaient attachés par les liens du sang, et furent envoyés par lui vers le roi d'Angleterre en 1357, etc., etc. (*Voyez les Histoires de Bretagne*, par le Baud, dom Morice, dom Lobineau.)

Depuis la réunion de la Bretagne à la France, la maison de la Moussaye continua de suivre avec distinction la carrière des armes; chaque génération fournit aux armées de terre et de mer un grand nombre d'officiers, dont quelques-uns parvinrent à des grades élevés : dans ses diverses branches, à dater de cette époque, on remarque :

Amaury II, sire de la Moussaye, chevalier, l'un des principaux seigneurs qui suivirent à la cour de France la reine Anne de Bretagne (*Histoire de Bretagne*, par dom Morice); Rolland de la Moussaye, dit le capitaine Rolland, dont, après plusieurs siècles, des traditions populaires en Bretagne célèbrent encore la vaillance; Charles, sire de la Moussaye, comte de Plouer, vicomte de Tonquedec et de Pommerith, qui fut, ainsi que son fils Amaury, l'un des chefs des armées protestantes durant les guerres de religion (*V.* l'*Histoire de Louis XIII*, par le Vassor); François, baron de la Moussaye, lieutenant général, gouverneur de Stenay; Amaury V, marquis de la Moussaye, comte de

Quintin et de Plouer, vicomte de Tonquedec et de Pommerith, baron de Nogent-sur-Loir, lieutenant général, qui servit avec un grand éclat en Allemagne, en Flandre, en Catalogne, principalement aux batailles de Nordlingen, de Lens, au siége de Lérida, et fut le chambellan et l'ami du grand Condé (*voyez* le *Dictionnaire des Batailles*, les *Vies de Turenne* et *de Condé*, etc.) : il épousa Henriette de la Tour-d'Auvergne, fille du duc de Bouillon et d'Élisabeth de Nassau-Orange, sœur du vicomte de Turenne, petite-fille de Guillaume le Taciturne et de Charlotte de Bourbon ; François de la Moussaye, commandant pour le Roi à Saint-Domingue, qui survécut seul à cinq frères tués dans la marine royale ; Casimir, marquis de la Moussaye, tué en 1795 au combat de Landevan près Quiberon, après avoir, à la tête d'un corps royaliste, soutenu longtemps l'effort de l'armée républicaine (*voyez* les *Mémoires de Vauban, de Villeneuve*, etc.) ; le comte Paul, et le vicomte Amaury de la Moussaye, officiers supérieurs, cités glorieusement dans les bulletins des campagnes d'Espagne ; Joseph, comte de la Moussaye, nommé colonel à vingt-six ans, sur le champ de bataille de Bautzen, etc. [1]

La terre de la Moussaye fut érigée en marquisat en 1615, et des lettres patentes du 7 mars 1818 ont confirmé pour le père du marquis de la Moussaye actuel ce titre héréditaire.

Le marquis de la Moussaye, pair, ministre de France à l'étranger durant vingt ans dans des résidences importantes, plusieurs fois député de la Bretagne, réunira encore, malgré les confiscations révolutionnaires, une fortune territoriale d'environ quatre millions. Souvent il a été question de lui conférer le titre de duc, ancienne prétention de sa famille. Déjà la commission du sceau a jugé convenable que ses armoiries fussent timbrées d'une couronne ducale.

Aux motifs qu'il peut faire valoir par lui-

---

[1] Durant quelques générations, le nom et les armes de la Moussaye furent portés par une branche de la maison de Goyon, dans laquelle la mort prématurée de Jacques, sire de la Moussaye, comte de Plouer, seigneur de Kergoet, de Plesguen, de la Rivière, de Pontual et de Touraude, avait fait entrer des biens considérables et de grands souvenirs. Jacques périt presque au sortir de l'enfance, dans un combat singulier.

même, se joignent ceux qui résultent de l'alliance qu'il a contractée. Madame de la Moussaye est aujourd'hui la seule personne existante
du nom de la Rochefoucauld-Cousage, branche
qui s'éteint, et qui est sortie du second fils de
François, comte de la Rochefoucauld, prince de
Marsillac, parrain du roi François Ier.

PIÈCES JUSTIFICATIVES.

I.

Le titre suivant, qui indique l'attache de la maison de la Moussaye aux anciens comtes de Penthièvre, est extrait de l'*Histoire de Bretagne*, par dom Morice, tom. Ier des *Preuves*, page 1024.

VENTE FAITE AU VICOMTE DE ROHAN, PAR OLIVIER DE LA MOUSSAYE, EN 1271.

« Universis, etc., Herveus de Bouteville tunc tem-
« poris senescallus nobilis viri domini Joannis, ducis
« Britanniæ, in Broerec et in Ploermel, salutem in Do-
« mino. Noverint quod *Oliverius de la Moussaye*,
« *armiger, primogenitus Guillelmi de Penthièvre*,
« in jure coram nobis constitutus, vendidit nobili viro
« vice-comiti de Rohan, militi, pratum quod vocatur
« magnum pratum de Vsel, situm in eadem parochia,
« prout illud pratum metatur et dividitur inter pro-
« pinquius vadum molendini dicti Oliverii, et vetus
« fossatum quod descendit de illo vado ad aquam quæ
« vocatur Oust, cum terra arabili intra dictum fossatum

« et dictam terram existente, dicto vice-comiti de Rohan
« et suis heredibus in perpetuum habendum, jure he-
« reditario, et possidendum, pro quadraginta libris
« monetæ currentis et venditionibus. De quibus quadra-
« ginta libris dictus Oliverius coram nobis tenuit se
« pro pagato, etc. Datum mense novembri, anno Do-
« mini millesimo cc. septuagesimo primo. » — (*Titre
de Blein.*)

TRADUCTION.

« A tous ceux qui ces présentes verront, Hervé de
« Bouteville, dans ce temps sénéchal de noble homme
« monseigneur Jean, duc de Bretagne dans les pays de
« Broerec et de Ploermel, salut dans le Seigneur. Qu'ils
« sachent que *Olivier de la Moussaye, guerrier, fils*
« *aîné de Guillaume de Penthièvre,* constitué en jus-
« tice devant nous, a vendu à noble homme le vicomte
« de Rohan, chevalier, un pré appelé le grand pré
« d'Usel, situé dans la même paroisse, tel que ce pré
« se mesure et se partage entre le ruisseau du moulin
« dudit Olivier, et un ancien fossé qui descend de ce
« ruisseau à la rivière d'Oust, avec la terre labourable
« contenue entre ledit fossé et le pré, pour être possédé
« à perpétuité par ledit vicomte de Rohan et ses héri-
« tiers, par droit héréditaire, pour quarante livres de
« monnaie courante, et les frais de vente; desquelles
« quarante livres ledit Olivier s'est devant nous tenu
« pour payé. Donné au mois de novembre, l'an du
« Seigneur mil deux cent soixante et onze. » — (*Titre
de Blein.*)

II.

LETTRE DU COMMISSAIRE DU ROI AU SCEAU DE FRANCE,

A M. LE MARQUIS DE LA MOUSSAYE.

Paris, le 20 juin 1829.

Monsieur le marquis, j'ai reçu la lettre que vous m'avez fait l'honneur de m'écrire le 24 mai dernier, et je l'ai mise sous les yeux de la commission du sceau, ainsi que la note qui s'y trouvait jointe. Les titres indiqués dans cette note, et qui sont extraits des historiens les plus accrédités de la Bretagne, seraient en effet de nature à établir l'attache de la maison de la Moussaye à l'ancienne maison de Penthièvre, et justifieraient de votre part la demande d'une ordonnance royale qui statuât sur cette descendance. Mais pour obtenir cette ordonnance, des formalités assez longues sont nécessaires à remplir, et il faudra en suivre le cours. Telle est la marche ordinaire, et tel est l'avis de la commission. Jusqu'à ce que ces formalités soient accomplies, la commission m'a paru disposée à croire qu'on ne mettrait point obstacle à ce que vos armoiries fussent timbrées d'une couronne semblable à celles que portaient les comtes de Penthièvre, *dont les probabilités historiques feraient au* XIIe *siècle sortir votre maison.*

Agréez, etc.

Le conseiller d'État, Commissaire du Roi au sceau de France,

Signé comte DE PASTORET.

III.

TITRE DONT L'ORIGINAL EST ENTRE LES MAINS DE M. LE
MARQUIS DE LA MOUSSAYE, PAIR DE FRANCE.

« Universis presentes litteras inspecturis, notum sit
« quod nos Johannes de Kebriac, Radulfus de Mouceia,
« Prigetus de Rochajacuti, Gauffridus de Boesbily, mi-
« lites, ad communem custum transfretationis associati,
« de prudencia Hervei marinari, nannetensis civis
« plene confidentes dicto Herveo plenam et omnimodam
« potestatem damus tractandi, ordinandi et conveniendi
« pro nobis et nostro nomine, cum quibuscumque
« navium dominis seu partionariis super precio passagii
« nostri ad Damyettam, promittentes nos ratum habi-
« turos et completuros quicquid per procuratorem nos-
« trum circa hoc actum fuerit et conventum. Datum
« apud Nymocium sub sigillo mei Johannis supradicti,
« anno Domini millesimo ducentesimo quadragesimo
« nono, mense aprilis. »

TRADUCTION.

« A tous ceux qui ces présentes lettres verront, qu'il
« soit notoire que nous, Jean de Kebriac, Raoul de la
« Moussaye, Prigent de la Rochejagu, Geoffroy de
« Boisbily, chevaliers, associés à frais communs pour le
« trajet outre-mer, pleinement convaincus de la pru-
« dence du marinier Hervé, citoyen de Nantes, donnons
« audit Hervé plein et entier pouvoir de traiter, régler

« et convenir pour nous et en notre nom, avec
« tous possesseurs de navires ou portion de navire,
« relativement au prix de notre passage à Damyette,
« promettant de ratifier et accomplir tout ce qui sera
« fait et convenu à ce sujet par notre fondé de pouvoirs.
« Donné à Limisso, sous le sceau de moi Jean susnommé,
« l'an du Seigneur mil deux cent quarante-neuf, au
« mois d'avril. »

IV.

NOTICE HISTORIQUE SUR LA MAISON DE PENTHIÈVRE.

L'ancienne maison de Penthièvre n'a aucune affinité
avec M. le duc de Penthièvre, fils de M. le comte de
Toulouse, prince légitimé de France. Cette maison
rapporte son origine à Nominoé, qui, au ixe siècle,
gouvernait la Bretagne sous l'autorité, plutôt apparente
que réelle, de Louis le Débonnaire, et qui descendait
lui-même des anciens souverains du pays. Après la
mort de Louis et le partage de ses États, Nominoé fit
la guerre à Charles le Chauve, le vainquit, en 845,
et redevint complétement indépendant.

Au commencement du xiie siècle, deux frères issus
de Nominoé, Alain III et Eudon, se disputèrent son
héritage. A la suite de plusieurs combats sanglants, le
bon droit l'emporta; Alain, l'aîné, resta duc de Bretagne : Eudon eut pour apanage, sous la suzeraineté
de son frère, le pays appelé Domnonée, dont les terres,
dites de Penthièvre, où se trouvent les villes de Lamballe, Guingamp et Moncontour, forment une grande

partie. Ce nom prévalut pour la postérité d'Eudon ; il eut six fils qualifiés comme lui comtes de Penthièvre, et qui furent les princes les plus vaillants et les plus renommés de leur temps.

Deux d'entre eux, Brient et Alain le Roux, prirent une grande part à la conquête de l'Angleterre par Guillaume de Normandie. Après la mort de Harald, Brient défit complétement ses deux fils qui, à la tête d'une armée venue d'Hibernie, avaient débarqué en Angleterre. Alain reçut de Guillaume le comté de Richemont, situé dans la province d'York.

Cependant vers l'an 1200, la postérité du duc Alain III s'était réduite à une princesse fille de la duchesse Constance et de Gui de Thouars, et héritière de la couronne de Bretagne. La postérité d'Eudon était représentée par Alain, comte de Penthièvre et de Treguier, qui avait plusieurs enfants de quatre mariages. Les vœux de toute la Bretagne appelaient une alliance entre Henri d'Avaugour, fils aîné d'Alain, et la princesse Alix ; ils furent fiancés en 1205.

Mais la politique de Philippe Auguste s'alarma de la puissance à laquelle la maison de Bretagne allait parvenir par la réunion de deux branches longtemps divisées. Après avoir d'abord favorisé le mariage de Henri, il le rompit, et parvint à faire épouser Alix à Pierre de Dreux, issu du sang royal de France. A peine monté sur le trône, Pierre de Dreux, dit Mauclerc, s'attacha à persécuter la maison de Penthièvre qu'il dépouilla presque entièrement, et qui ne se releva plus.

Les historiens ne s'accordent pas sur le nombre des
enfants qui naquirent des quatre mariages d'Alain,
comte de Penthièvre et de Treguier. Voici ceux dont
l'existence est positivement constatée.

1° Henri, seigneur d'Avaugour, fiancé à Alix de
Bretagne. Déçu dans l'espoir d'épouser cette princesse,
il contracta successivement deux mariages qui ne furent
pas heureux. Succombant enfin sous le poids de l'adver-
sité, il se fit religieux aux Cordeliers de Dinan, où il
mourut dans une extrême vieillesse. Jeanne, arrière-
petite-fille de Henri d'Avaugour, épousa en 1318 Gui
de Bretagne, frère du duc Jean III; de ce mariage sor-
tit une fille unique qui épousa Charles de Châtillon, dit
de Blois. Plusieurs branches cadettes d'Avaugour se
sont formées; toutes sont maintenant éteintes.

2° Geoffroy, qui reçut en partage la seigneurie de
Quintin. Sa postérité s'éteignit après un petit nombre
de générations.

3° Guillaume, qui reçut en partage la seigneurie de
la Moussaye près Lamballe. Il la transmit à son fils
Olivier qui en prit le nom. Ce dernier transigeant avec
le vicomte de Rohan, en 1272, est qualifié *fils aîné de
Guillaume de Penthièvre*. L'acte en latin qui constate
cette descendance est rapporté par dom Morice, tome Ier
des *Preuves*, page 1024. L'origine de la maison de la
Moussaye se trouve donc historiquement prouvée, in-
dépendamment de tous les titres et des traditions de
famille.

Les biens qui formaient le comté de Penthièvre, et

que Pierre de Dreux avait usurpés, furent en vain réclamés par Henri d'Avaugour. Pierre Mauclerc trouva le moyen d'éluder toutes les sentences qui le condamnaient, et parvint à conserver ces biens; il les donna en dot à Yolande sa fille, femme de Hugues, comte de la Marche, de la maison de Lusignan. Le duc Jean Ier, fils de Pierre Mauclerc, les racheta de Yolande sa sœur, et le comté de Penthièvre fut rattaché à la couronne, jusqu'au temps de Charles de Blois. Ce prince ayant épousé la fille du frère puîné de Jean III, mort sans enfants, avait à sa succession des droits incontestables. Vaincu par le comte de Montfort, troisième frère du duc Jean III, Charles perdit la couronne, mais ses descendants conservèrent le comté de Penthièvre.

Par une suite d'alliances, ce comté passa successivement dans la maison de Brosse, dans la maison de Luxembourg, dans la maison de Lorraine-Mercœur, puis dans celle de Vendôme par le mariage de Françoise de Lorraine avec César de Vendôme, fils de Henri IV et de Gabrielle d'Estrées.

Penthièvre fut érigé en duché-pairie en faveur de Sébastien de Luxembourg, en 1569.

Louis de Vendôme, fils de César, n'ayant pas eu d'enfants de Marie, princesse de Condé, le duché de Penthièvre devint la propriété de madame la princesse de Conti, qui le vendit à M. le comte de Toulouse, père de M. le duc de Penthièvre, dont l'unique héritière a épousé M. le duc d'Orléans.

DE L'IMPRIMERIE DE CRAPELET, RUE DE VAUGIRARD, 9.